D0936895

Mi sueño de América

My American Dream

por / by

Yuliana Gallegos

Traducción al inglés por / English translation by Georgina Baeza

PIÑATA BOOKS
ARTE PÚBLICO PRESS
HOUSTON, TEXAS

Mi sueño de América ha sido subvencionado por la ciudad de Houston a través del Houston Arts Alliance.

My American Dream is made possible through grants from the City of Houston through the Houston Arts Alliance.

¡Piñata Books están llenos de sorpresas!
Piñata Books are full of surprises!

Piñata Books
An imprint of
Arte Público Press
University of Houston
452 Cullen Performance Hall
Houston, Texas 77204-2004

Cover design by ExacType
Illustrations by Joe Villarreal

Gallegos, Yuliana.
    Mi sueño de America / por Yuliana Gallegos; traducción al inglés de Georgina Baeza = My American dream / by Yuliana Gallegos; English translation by Georgina Baeza.
        p. cm.
    ISBN 978-1-55885-485-7 (alk. paper)
    1. Mexican Americans—Texas—Houston—Juvenile literature. 2. Mexican Americans—Juvenile literature. 3. Mexico—Emigration and immigration—Juvenile literature. 4. United States—Emigration and immigration—Juvenile literature. I. Baeza, Georgina. II. Title. III. Title: My American dream.
    E184.M5G335 2007
    976.4'14110046872—dc22
                                                        2007019237
                                                        CIP

♾The paper used in this publication meets the requirements of the American National Standard for Information Sciences—Permanence of Paper for Printed Library Materials, ANSI Z39.48-1984.

7 8 9 0 1 2 3 4 5 6   10 9 8 7 6 5 4 3 2 1

Con mucho cariño para todos los niños inmigrantes

❧ ❧ ❧

With much love to all immigrant children

Recuerdo aquella tarde cuando estábamos llegando a la ciudad de Houston, Texas. La recuerdo como si hubiera sido ayer. Yo estaba muy emocionada. Veía unas carreteras muy grandes. Me parecían impresionantes, unas altas y de repente otras bajas. Me sentía como en la montaña rusa. Papá nos dijo que estas carreteras aquí se conocen como *freeways*. Los carros, de muchos tamaños y colores, corrían a gran velocidad, como si estuvieran en una carrera de autos.

Aunque yo venía de Monterrey, Nuevo León, México, una ciudad muy grande, definitivamente Houston era muy diferente. El centro de Monterrey tiene una plaza grande, siempre llena de gente, un barrio antiguo con edificios viejos y coloniales. En cambio, el centro de Houston parecía un mundo del futuro, lleno de rascacielos envueltos en vidrio y espejos, con muy pocas personas caminando por las calles.

I remember that evening when we were arriving in Houston, Texas. I remember it as if it were yesterday. I was very excited. I saw huge highways that were impressive. Some high and some really low. I felt as if I were on a roller coaster. Papá told us that those highways were known as "freeways." Cars of all sizes and colors sped by as if they were in a race.

Although I was moving from Monterrey, Nuevo León, Mexico, a large city, it was definitely very different from Houston. The downtown area of Monterrey has a huge plaza that is always filled with people and an old neighborhood with ancient, colonial buildings. Downtown Houston, on the other hand, seemed like the world of the future, full of skyscrapers wrapped in glass and mirrors, with hardly any people walking in the streets.

—¿Papá, vamos a vivir en esta ciudad?

—Sí, Yuli ¿te gusta?

—No sé, es muy diferente. Lo que más me llama la atención es que casi no hay gente caminando en las calles. ¿Mamá, tú ya habías venido acá?

—Sí, un par de veces, pero de paseo. La verdad es que no conozco mucho.

Mi hermano y yo estábamos fascinados y no dejábamos de observar por la ventanilla del coche todo lo que sucedía a nuestro alrededor. Todo se movía con rapidez.

"Dad, are we going to live in this city?"

"Yes, Yuli, do you like it?"

"I don't know, it's very different. What's most surprising is how few people there are walking on the streets. Mom, have you been here before?"

"Yes, a few times, but just to visit. I really don't know the city very well."

My brother and I were fascinated; we couldn't stop looking out the car window to see everything around us. Everything rushed by in a flash.

—Papá, ¿cómo es nuestro departamento? Estoy muy emocionada. ¿En qué piso vamos a vivir? En Monterrey casi no hay departamentos, ¿verdad?

—Tienes razón, hay más casas que departamentos. Nuestro departamento es grande, con tres habitaciones, un baño, una sala y una cocina. Es más chico que nuestra casa en Monterrey. Pero lo mejor de todo es que hay una alberca.

—¡Híjole! ¡Qué padre! Oye, Papá, ¿cuándo nos vamos a inscribir en la escuela? —preguntó Alfredo.

—Mañana mismo, hijo.

—¿Y a qué escuela vamos a ir? —preguntó Alfredo.

—Van a ir a una escuela que está cerca del departamento.

—¿Y tú ya has visto la escuela, Papá? —le pregunté mientras por la ventanilla veía una colonia llena de arboles frondosos y verdes.

—Sí, está muy bonita, allí está la escuela, ¿la ven? Estamos a unas cuadras del departamento —dijo Papá y dio vuelta en una calle.

"Dad, what does our apartment look like? I'm really excited. What floor are we going to live on? There aren't many apartments in Monterrey, right, Dad?"

"You're right, there are more houses than apartments. Our apartment is big, with three bedrooms, a bathroom, a living room, and a kitchen. It's smaller than our house in Monterrey. But the best thing is that we'll have a swimming pool."

"Wow! Awesome! Hey, Dad, when will we register for school?" asked Alfredo.

"Tomorrow, son."

"What school will we go to?" asked Alfredo.

"You're going to go to one near our apartment."

"Have you been to the school, Dad?" I asked as I looked out the window at a neighborhood full of leafy green trees.

"Yes, it's very nice. There's your school, see it? We're a few blocks away from our apartment," Dad said and turned on a street.

Nuestro departamento quedaba en el tercer piso, así que después de cargar todas las cajas todos estábamos súper agotados.

En las maletas y cajas trajimos muchas cosas de nuestra casa en Monterrey. Trajimos fotos de cuando estábamos chiquitos, pero no pudimos traer muchos juguetes. Mi hermano se trajo su osito Michi porque lo había tenido desde que tenía dos años. Michi era como parte de la familia.

La primera vez que desperté en el departamento nuevo, me sorprendí al ver que mi habitación había cambiado y recordé que ahora vivíamos en Estados Unidos en un departamento. Tuve que acordarme de que nuestro departamento estaba en un tercer piso y que ya no teníamos patio propio.

Our apartment was on the third floor, so after unloading all our boxes, we were completely exhausted.

In the suitcases and boxes we brought a lot of things from our house in Monterrey. We brought photographs that were taken when we were little, but we couldn't bring a lot of toys. My brother brought his teddy bear, Michi, because he had had it since he was two. Michi was like part of our family.

The first time that I woke up in the new apartment, I was surprised to see that my bedroom had changed and that we now lived in the United States in an apartment. I had to remind myself that our apartment was on the third floor and that we did not have our own yard anymore.

Semanas después fuimos a la escuela para conseguir las listas de los útiles. No sabíamos que en las escuelas en Estados Unidos te piden que compres un paquete escolar para tu año. En Monterrey nos daban una lista de útiles y teníamos que ir de tienda en tienda comprando las cosas que necesitábamos.

Cuando fuimos al súper, Mamá compró los paquetes escolares para mi hermano y para mí. Para mí el de cuarto año y para mi hermano el de kinder.

A few weeks later we went to school to get the supply list. We did not know that schools in the United States ask you to purchase a school package for your school year. In Monterrey we would be given a list and we had to go store by store buying what we needed.

When we went to the grocery store, Mom bought two school packages, one for my brother and one for me. I got the fourth grade one, and he got the one labeled "kindergarten."

Para el primer día de clases me levanté muy temprano y me metí a bañar porque quería que Mamá me hiciera un bonito peinado. Quería causar una buena impresión.

—Mamá, ¿me peinas, por favor?

—Claro, Yuli, ven, siéntate.

—Mamá, estoy muy emocionada. Quiero que me peines lindo, que me hagas una diadema con muchas ligas de colores, ¿sí?

—Sí, Yuli, no te muevas para no tardarnos. No quiero que se te vaya a hacer tarde.

I woke up early on the first day of school and immediately took a shower because I wanted Mom to do my hair and make it cute. I wanted to make a good impression.

"Mom, will you do my hair, please?

"Of course, Yuli, come here, sit down."

"Mom, I'm so excited. I want you to fix my hair really nice. I want you to make me a tiara in my hair with lots of colored rubber bands, will you?"

"Yes, Yuli, don't move so that we can finish fast. I don't want you to be late."

—Mamá, me encanta la mochila roja que me compraste ayer.

—Sé que es tu color favorito. Desde que la vi sabía que te iba a encantar.

—Yuli, ¿ya tienes todo listo? —preguntó Papá desde la cocina.

—Sí, Papá. Sólo me falta desayunar.

—¿Qué nos preparaste, Papá? —Escuché que Alfredo preguntó desde su recámara.

—Un rico licuado de plátano y unas quesadillas.

—Mmm... ¡Qué rico! —dijo Alfredo—, me encantan las quesadillas.

—Lo sé, hijo. Bueno, apúrense para que pueda acompañar a Mamá a dejarlos en la escuela cuando me vaya al trabajo.

Alfredo y yo tomamos nuestras mochilas y Papá y Mamá nos ayudaron con los paquetes escolares.

"Mom, I love the red backpack you bought me yesterday."

"I know that it's your favorite color. As soon as I saw it, I knew you were going to love it."

"Yuli, are you ready?" Dad asked from the kitchen.

"Yes, Dad. I just need to eat breakfast."

"What did you cook for us, Dad?" I heard Alfredo ask from his room.

"A delicious banana smoothie and quesadillas."

"Mmm... Yummy!" Alfredo said, "I love quesadillas."

"I know, son. Well, hurry up so that I can go with Mom to drop you off at school on my way to work."

Alfredo and I picked up our backpacks, and Dad and Mom helped us with the school packets.

Mamá y Papá nos llevaron a la escuela. Primero fuimos a dejar a mi hermanito en el salón de kinder y después me llevaron a mi salón.

Yo no tenía miedo porque había estado en una escuela bilingüe inglés/español en Monterrey. Mis papás me presentaron con la maestra y se despidieron de mí dándome un fuerte abrazo y un beso. Cuando entré al salón, pensé que iba a ser como el de casa. Pensé que iba a ser chico y con muchos estudiantes. Pero era un salón muy grande y había pocos estudiantes. Además, comparando el salón de mi hermano con el mío, me di cuenta que era muy diferente. Cuando mi hermanito entró a su salón, muchos niños le hablaron de inmediato. Pero cuando yo entré a mi salón, mis compañeros sólo me vieron. Yo no me sentía a gusto y quería salir de allí y volver a la escuela en México con mis amigos y con mis maestros.

Mom and Dad took us to school. First, we went to drop off my little brother in his kindergarten classroom and then my parents took me to mine.

I was not afraid because I had been in a bilingual English/Spanish school in Monterrey. My parents introduced me to my teacher and said good-bye with a kiss and a hug. When I walked into my classroom, I thought it was going to be like the one at home. I thought it was going to be small with lots of students. But the classroom was big and there were only a few students. Also, compared to my brother's classroom, mine was very different. When my brother had walked into his classroom, many children spoke to him right away. But when I walked into mine, my classmates only stared at me. I didn't feel comfortable and I wanted to get out of there and return to my school in Mexico with my friends and teachers.

Después de cerrar la puerta, la maestra me llamó y me presentó, les pidió a mis compañeros de clase que me ayudaran, porque yo estaba recién llegada de México. Les explicó que no iba a ser fácil para mí estar en otro lugar, con otro idioma y otros amigos. Cuando estaba frente a todo el grupo pude darme cuenta cómo me observaban, me miraban de arriba a bajo, como si hubiera venido de otro planeta, no de otro país.

After I closed the door behind me, the teacher called me to the front of the room and introduced me. She asked my classmates to help me because I had recently come from Mexico. She told them it was not going to be easy for me to be in another place, with another language, and with other friends. When I was in front of the class, I saw how they were staring at me. They looked me up and down as if I were from another planet and not from another country.

Me sentía muy mal enfrente de toda la clase. Parecía que a nadie le importaba porque cuando la maestra me presentó algunos se voltearon y me dieron la espalda. La maestra me pidió que me sentara detrás de Jorge, al lado de Shoko. Jorge era hispano y Shoko japonesa.

I felt really bad in front of the entire classroom. No one seemed to care because when the teacher introduced me, some turned around and turned their backs to me. The teacher asked me to sit behind Jorge and next to Shoko. Jorge was Latino and Shoko Japanese.

Pronto me di cuenta que el inglés que yo sabía era muy básico. No entendía ni una frase de lo que estaban diciendo. Trataba de poner la mayor atención, pero me era imposible captar lo que la maestra decía, no entendía nada. La maestra hablaba tan rápido que por un momento pensé, *¿qué estoy haciendo aquí?* Me sentía frustrada.

I quickly discovered that the English that I knew was very basic. I couldn't understand anything that was being said. I tried to pay as much attention as I could, but it was impossible to understand what the teacher was saying. I couldn't understand. The teacher spoke so fast that at one point I thought, *what am I doing here?* I felt very frustrated.

Como Jorge era el único latino que había, pensé que me podría ayudar a entender lo que decía la maestra. Pero cuando le hablaba él hacía como que no me entendía, se volteaba y no me hacía caso. Vi que Shoko también batallaba para entender, pero a ella *sí* trataban de ayudarla y yo no entendía por qué.

Yo tenía muchas ganas de llorar, quería salir corriendo, me sentía rechazada, nadie me hablaba ni se acercaba como lo hacían con Shoko.

Since Jorge was the only Latino in my class, I thought he could help me understand what the teacher was saying. But each time I tried to talk to him, he acted as though he did not understand me and would not pay attention to me. I noticed that Shoko also had a hard time understanding, but other students *did* try to help her and I could not understand why.

I felt like crying. I wanted to run away. I felt rejected. No one talked to me and no one tried to help me as they did with Shoko.

De regreso a casa, Alfredo y yo íbamos muy callados.

—Niños, ¿qué pasa con ustedes, no les gustó la escuela? ¿Alfredo? ¿Yuli? —preguntó Mamá.

—Ay, Mami, es que no le entiendo nada a mi maestra. Todos los niños de mi clase son muy buenos, pero cuando la maestra habla siento que estoy perdido —contestó Alfredo.

—Vas a ver que muy pronto vas a entender a tu maestra.

Alfredo abrazó a Michi, lo había dejado en el auto por la mañana, y se puso a ver por la ventanilla.

On the way home, Alfredo and I were very quiet.

"Children, what's wrong with you? You didn't like school? Alfredo? Yuli?" Mamá asked.

"Oh, Mommy, I don't understand my teacher. All the children in my class are really nice, but when the teacher speaks I feel lost," Alfredo said.

"You'll see that you will soon understand your teacher."

Alfredo hugged Michi—he had left his teddy bear in the car in the morning—and looked out the window.

—Y tú, Yuli, vienes súper callada ¿estás enferma?

—A mí sí me gustó la escuela, pero nadie se quiso juntar conmigo.

—Así es en todas partes, Yuli, no te preocupes, vas a ver que vas a tener muchos amigos después.

—No lo sé, Mamá. Se portan tan raros, son tan diferentes a mis amigos de Monterrey, allá todos nos hablábamos y cuando llegaba alguien nuevo lo hacíamos sentir bien. Aquí no es así.

—Tal vez no lo ves así porque ellos hablan otro idioma, cariño.

—No, Mamá. A Shoko sí la trataron bien y ella es de Japón —dije y se me salieron las lágrimas.

"What about you, Yuli? You're very quiet. Are you feeling sick?"

"I liked school, but no one wanted to hang out with me."

"That's the way it is everywhere, Yuli. Don't worry, you'll see, later you'll make lots of friends."

"I don't know, Mom. They were weird with me. They're very different from my friends in Monterrey. We would all talk to each other and when someone new would come, we would make them feel welcomed. It's not like that here."

"Maybe that's because they speak another language, sweetheart."

"No, Mom. They were nice to Shoko and she's from Japan," I said and started to cry.

—Yuli, no llores, mi amor, todo va a pasar. Mira, vas a tener que aprender a no sentirte mal cuando pasas por cosas así. Es muy difícil llegar a un país nuevo sin amigos y con un idioma nuevo. Recuerda que nosotros siempre vamos a estar contigo.

—Sí, lo sé, Mamá, pero si supieras cómo se siente estar en mi lugar estarías igual. De todos modos voy a tratar de hacer lo mejor que puedo.

—Así se habla, Yuli.

—Te quiero mucho, Mamá.

—Yo también, pequeña. Pero ya no llores porque preparé su comida favorita: ¡Mole!

—¡Mmm . . . qué rico! —dijimos Alfredo y yo.

"Yuli, don't cry, sweetheart, you'll be okay. You have to learn to not feel bad when you go through things like this. It's really hard to come to a new country without any friends and with a new language. Remember that we will always be with you."

"I know, Mom, but if you knew how it felt to be in my shoes, you'd understand. No matter what, I'll still try to do the best I can."

"Now you're talking, Yuli."

"I love you, Mom."

"Me too, sweetie. But don't cry anymore because I prepared your favorite food: *Mole!*"

"Mmm . . . Yummy!" Alfredo and I said.

Al siguiente día, no me levanté con las mismas ganas que el primer día. Me quería quedar en casa. En mi cama me quedé pensando en mis amigos de Monterrey y en mi maestra. Todos eran tan lindos conmigo.

No tenía ganas de ir a la escuela pero no sabía cómo decírselo a Mamá. Tenía miedo que mis compañeros se rieran de mí. Sabía que podía confiar en Mamá, y que me podía entender, pero recordé que había dicho que iba a hacer lo mejor que pudiera.

—¡Yuli, levántate, hija! —dijo Mamá cuando pasó por mi habitación para ayudar a Alfredo a alistarse para la escuela.

The next day, I didn't get up as enthusiastically as I had on the first day. I wanted to stay home. As I laid in bed, I thought about my friends and my teacher in Monterrey. They were so kind to me.

I didn't feel like going to school but I didn't know how to tell Mom. I was afraid that my classmates would laugh at me. I knew that I could tell Mom, that she would understand me, but I remembered that I said I would try my best.

"Yuli, wake up, sweetie!" Mom called as she passed by my room on her way to help Alfredo prepare for school.

Respiré profundo y me levanté de la cama rápidamente.

—Sí, Mamá, ya voy.

—Apúrate para que desayunes bien. Acá el día de clase es más largo y necesitan alimentarse bien.

—Sí, Mamá.

Cuando Mamá vio que ya casi estaba lista, me preguntó:
—¿Cómo quieres que te peine hoy?

—Como quieras, Mamá.

I took a deep breath and quickly got out of bed.

"Yes, Mom, I'm coming."

"Hurry up so that you can eat a good breakfast. The school day is longer here and you both need to eat well."

"Yes, Mom."

When Mom saw that I was almost done getting ready, she said, "How do you want me to fix your hair today?"

"However you want, Mom."

—¿Sigues triste? —me preguntó Mamá mientras me peinaba.

—No triste pero tengo miedo.

—Yuli, recuerda que eres muy inteligente. Si tú quieres puedes lograr muchas cosas, lo que quieras. Tienes que seguir dándote la confianza que siempre te has tenido. No olvides lo que eres y lo que vales.

—Tienes razón, Mamá. Ahora mi meta principal es aprender bien el inglés. Voy a escuchar más a mi maestra para tratar de entender lo que dice.

"Are you still sad?" Mom asked me as she brushed my hair.

"I'm not sad, I'm afraid."

"Yuli, don't forget that you're very intelligent. You can achieve many things, anything you want. You have to continue to trust yourself. Don't forget who you are and what you're worth."

"You're right, Mom. Right now my main goal is to learn English well. I will pay close attention to my teacher to understand what she says."

En mi salón, la maestra hablaba y hablaba y no le entendía. Por un momento me pasó por la mente que no iba a aprender inglés tan fácilmente como pensaba. Quizás nunca lo aprendería. Sentí que me bloqueaba, que me dejaba llevar por las burlas de mis compañeros. Cada vez que me preguntaba algo la maestra y yo daba una respuesta equivocada, todos se reían de mí.

—Yuliana, no entiendes, ¿verdad? —me preguntó la maestra en un tono de voz fuerte, porque ya había repetido lo mismo cinco veces.

No era mi culpa, no la entendía. Con voz entrecortada y con muchas ganas de llorar, le respondí, —No.

In my classroom, the teacher talked and talked and I could not understand her. For an instant, I thought that I was not going to learn English as easily as I thought. Perhaps I would never learn it. I felt like I was holding myself back, that my classmates' mockery was getting to me. Every time that the teacher would ask me something and I would answer incorrectly, everyone would laugh at me.

"Yuliana, you don't understand, right?" the teacher asked me in a loud voice because she had already repeated the same thing five times.

It wasn't my fault, I didn't understand her. With a broken voice and holding back my tears, I answered, "No."

—No te preocupes, acércate, te voy a prestar unos libros. Estoy segura que si los lees y estudias más, se te va a hacer más fácil. Pero para que esto funcione me tienes que decir cada vez que no entiendas lo que yo estoy diciendo, no me importa si levantas las manos veinte veces. Siempre voy a tratar de ayudarte.

—Gracias, maestra —respondí.

En ese momento me sentí muy bien. La maestra era la primera persona en la escuela que se preocupaba por lo que me pasaba. Me dije, *ahora sí que voy a salir adelante*.

"Don't worry, come here, I'll lend you some books. I'm certain that if you read these books and study more, things will get easier. But in order for this to work, you need to tell me each time that you don't understand what I'm saying. I don't care if you raise your hand twenty times. I'll always try to help you."

"Thank you, ma'am," I replied.

At that moment I felt really good. The teacher was the first person in the school who was worried about what was happening to me. I told myself, *now I really can get ahead*.

No era suficiente demostrar que podía aprender inglés. Tenía que demostrar que podía ser igual o quizás mejor que mis compañeros. Tenía que trabajar y trabajar para alcanzar a los demás y luego tenía que dar más para superarlos. Con mucha dedicación y entereza, logré día a día, entender y comprender lo que se me enseñaba.

Mi hermano Alfredo había aprendido el inglés súper rápido. Él y yo estudiábamos juntos por las tardes después de la cena.

It wasn't enough to learn English, I had to prove that I could be equal to or maybe even better than my classmates. I had to work and work to catch up to the others, and then I had to do even more to be better than them. With a lot of dedication and perseverance, day by day, I was able to learn and understand what was being taught.

My brother Alfredo learned English really fast. He and I would study together in the evenings after dinner.

Poco a poco empecé a ganarme el respeto y la admiración de mis compañeros. A los dos meses había logrado un buen nivel de inglés. Ya podía comprender y contestar con facilidad lo que se me preguntaba. Recuerdo cuando obtuve un cien en el examen de lectura, fui la única en todo el salón.

Esa semana también superé mis notas en matemáticas y ciencias por lo que los maestros pusieron un cuadro de honor afuera de la puerta de mi salón donde aparecía como "La estudiante de la semana". Realmente me sentía orgullosa de mí misma, de lo que había logrado, de que había podido dominar el inglés y sobre todo, había demostrado que yo, como latina, podía lograr mis sueños.

Little by little I started gaining the respect and admiration of my classmates. Within two months I had obtained a good knowledge of English. I could understand and respond with ease when I was asked something. I remember the day when I received a 100 on the reading exam. I was the only student in the entire class with a perfect score.

That same week I also raised my grades in math and science, and my teachers placed an honor roll poster on the outside of the door to my classroom, where my name appeared as "Student of the Week." I was really proud of myself, of what I had accomplished, of learning to speak English well, and, above all, having shown that I, a Latina, could make my dreams come true.

Satisfecha con todo lo que había logrado, pude darme cuenta que las cosas no se dan por suerte o por casualidad sino porque uno se esfuerza y se aplica. Los demás estudiantes dejaron de verme como alguien raro. Me hablaban, me pedían opiniones y se interesaban en saber quién era y cómo era.

Pensé que empezaba a tener amigos hasta que un día una niña invitó a todas las niñas del salón a su fiesta de cumpleaños menos a mí. Con esto me di cuenta que muchos de mis "amigos" no me consideraban su amiga.

Satisfied with what I had achieved, I realized that things don't fall into place as result of luck or by chance, but rather because one struggles and perseveres. Other students stopped looking at me in a weird way. They would talk to me, they would ask me for my opinion, and they were interested in knowing who I was and where I was from.

I thought I was starting to have friends until the day when a girl in my class invited all the girls to her birthday party except for me. When that happened, I realized that many of my "friends" didn't consider me their friend.

Sin embargo, Shoko sí era mi amiga. Ella también era responsable y aplicada. Teníamos tantas cosas en común, como aprender a hablar inglés. Cuando platicábamos era como si tuviéramos mucho tiempo de conocernos, siempre buscábamos la oportunidad de estar juntas, cuando hablábamos el tiempo pasaba tan rápido que queríamos que se detuviera. Hasta hablábamos por teléfono por la tarde y los fines de semana.

However, Shoko really was my friend. She was also very responsible and hard-working. We had so many things in common, like learning to speak English. Whenever we would talk it was as if we had known each other for a long time. We always looked for the chance to spend time with each other. Whenever we would talk, time seemed to fly by so quickly that we wanted it to just stop. We would even speak on the phone in the evenings and on weekends.

—Hola, ¿se encuentra Yuli?

—Sí, un momento por favor, ¿eres tú, Shoko?

—Sí, señora, buenas tardes.

—Buenas tardes, Shoko, un momento. Yuli, es Shoko, te habla por teléfono.

—Sí, Mamá, ya contesté. ¡Hola! ¿Shoko, cómo estás?

—Bien, Yuli, te quería invitar a mi casa mañana a las cuatro. Mis papás me van a hacer una fiesta para mi cumpleaños.

—¡Ay, qué padre! No creo que haya ningún problema, estoy segura que mis papás sí me darán permiso. Nos vemos, voy a pedir permiso. ¡Bye!

—Bye, Yuli, hasta mañana.

Iba a ir a mi primera fiesta de cumpleaños en Houston. Estaba feliz.

"Hi, is Yuli home?"

"Yes, just a minute please. Is that you, Shoko?"

"Yes, ma'am, good evening."

"Good evening, Shoko. Just a minute. Yuli, it's Shoko, she's calling you."

"Yes, Mom, I'm on the line. Hi! Shoko, how are you?

"Fine, Yuli, I wanted to invite you to come to my house tomorrow at four. My parents are going to have a party for my birthday."

"That's so cool! I don't think there's any problem. I'm sure my parents will let me go. See you soon. I'll go ask for permission. Bye!"

"Bye, Yuli, see you tomorrow."

I was going to go to my first birthday party in Houston and I was happy.

Estaba muy emocionada el día de la fiesta de Shoko. Me quería ver muy bien.

—¿Mamá, qué me voy a poner?

—¿Te dijo que tenías que ir vestida de alguna manera?

—No, realmente no me dijo, pero creo que quiero algo sencillo . . . Pero, ay, no sé qué ponerme.

—Yuli, no te compliques y ponte un vestido.

—Ay, Mami, no sé qué haría sin ti.

—Yuli, apúrate para que llegues temprano y disfrutes de tu primera fiesta. Ya sabes que acá todo lo hacen siempre con horario de llegada y salida.

On the day of Shoko's birthday party, I was so excited. I wanted to look great.

"Mom, what am I going to wear?"

"Did she say that you had to dress any particular way?"

"No, actually, she didn't say, but I think I want something simple . . . But, oh, I don't know what to wear."

"Yuli, don't complicate things. Just wear a dress."

"Oh, Mommy, I don't know what I would do without you."

"Yuli, hurry up so you can get there early and enjoy your first party. You know that here everything is always done on a schedule for arriving and leaving."

Cuando Shoko abrió la puerta le dije, —¡Shoko, felicidades!

—Gracias, Yuli, ven, te quiero presentar a mi mamá. Mamá, ella es Yuli.

—Yuli, bienvenida, me da mucho gusto conocerte. Shoko me ha hablado mucho de ti. Sé que estudian juntas y que tú aprendiste inglés muy rápido.

—Bueno, la verdad no ha sido tan rápido, he tenido que estudiar mucho.

—Te felicito. Espero que tú y mi hija sigan siendo amigas por mucho tiempo.

—Ay, gracias, yo también espero lo mismo.

When Shoko opened the door, I said, "Shoko, Happy Birthday!"

"Thanks, Yuli, come in, I want to introduce you to my mother. Mom, this is Yuli."

"Welcome, Yuli, it's a pleasure to meet you. Shoko has told me a lot about you. I know you study together and that you learned English very quickly."

"Well, the truth is it hasn't been so quick. I've had to study a lot."

"Good work! I hope you and my daughter are friends for a long time."

"Oh, thank you, I hope so too."

La vida aquí en los Estados Unidos no es lo que yo esperaba. Cuando llegué a Houston pensé que todo iba a ser diferente. Que rápidamente iba a tener amigos, que el color de mi piel y mi idioma no iban a ser un problema. Nunca me imaginé que iba a encontrarme con personas que me iban a rechazar y que ni siquiera me saludarían. Sin embargo les pude demostrar que no deben juzgar. Que todos debemos desechar los prejuicios, los rencores y los muros de color,

A veces los mejores amigos son los que menos esperarías.

Life here in the United States is not what I expected. When I got to Houston, I thought that everything was going to be different, that I would quickly make friends, and that my skin color and language would not be a problem. I never imagined that I would meet people who would reject me outright and not even say hello to me. Despite this, I was able to show all of them that they shouldn't judge anyone and that we have to get rid of prejudices, hate, and divisions based on color.

Sometimes the best of friends are the ones you least expect.

Agradecimientos

Les agradezco a mis papás, Rita y Alfredo Gallegos, por darme la paz y tranquilidad que necesito. Ellos me reprenden cuando hago algo mal, cuando me siento triste de sus labios escucho una palabra de aliento, en sus brazos puedo llorar cada vez que lo necesite y con ellos puedo compartir mis alegrías. También agradezco a mis hermanos Alfredo y Melissa quienes a pesar de ser pequeños siempre me comprenden y me apoyan.

Agradezco a Piñata Books por creer en mí y por darme la oportunidad de publicar este libro.

11 de septiembre, 2005

Acknowledgments

I would like to thank my parents, Rita and Alfredo Gallegos, for giving me the peace and tranquility that I need. They reprimand me when I do something wrong. When I feel sad, I hear words of encouragement from them. In their arms, I can cry whenever I need to, and with them I can share my happiness. In addition, I thank my siblings, Alfredo and Melissa, who despite being young, always understand and support me.

I would also like to thank Piñata Books for believing in me and giving me the opportunity to publish this book.

September 11, 2005

Additional Bilingual Young Adult Titles

My Own True Name
New and Selected Poems for Young Adults, 1984-1999
Pat Mora
Drawings by Anthony Accardo
2000, Trade Paperback
ISBN 978-1-55885-292-1, $11.95

Versos sencillos/ Simple Verses
José Martí
English translation by
Manuel A. Tellechea
1997, Trade Paperback
ISBN 978-1-55885-204-2, $12.95,

A Promise to Keep
Mario Bencastro
English translation by
Susan Giersbach-Rascón
2005, Trade Paperback
ISBN 978-1-55885-457-4, $9.95

Viaje a la tierra del abuelo
Mario Bencastro
2004, Trade Paperback
ISBN 978-1-55885-404-8, $9.95

Trino's Choice
Diane Gonzales Bertrand
1999, Trade Paperback
ISBN 978-1-55885-268-6, $9.95

El dilema de Trino
Diane Gonzales Bertrand
Spanish translation by Julia Mercedes Castilla
2005, Trade Paperback
ISBN: 978-1-55885-458-1, $9.95

Trino's Time
Diane Gonzales Bertrand
2001, Clothbound
ISBN 978-1-55885-316-4, $14.95
Trade Paperback
ISBN 978-1-55885-317-1, $9.95

El momento de Trino
Diange Gonzales Bertrand
Spanish translation by Julia Mercedes Castilla
2005, Trade Paperback
ISBN 978-1-55885-458-1, $9.95

Walking Stars
Victor Villaseñor
2003, Trade Paperback
ISBN 978-1-55885-394-2, $10.95

Estrellas peregrinas
Cuentos de magia y poder
Victor Villaseñor
Spanish translation by
Alfonso González
2005, Trade Paperback
ISBN 978-1-55885-462-8, $9.95

The Year of Our Revolution
Judith Ortiz Cofer
1998, Clothbound
ISBN 978-1-55885-224-2, $16.95

El año de nuestra revolución: Cuentos y poemas
Judith Ortiz Cofer
Spanish translation by
Elena Olazagasti-Segovia
2006, Trade Paperback
ISBN 978-1-55885-472-7, $9.95

Additional Young Adult Titles

Upside Down and Backwards /
De cabeza y al revés
Diane Gonzales Bertrand
Spanish translation by
Karina Hernández
2004, Trade Paperback
ISBN 978-1-55885-408-6, $9.95

A School Named for Someone Like
Me / Una escuela con un nombre
como el mío
Diana Dávila-Martinez
Spanish translation by
Gabriela Baeza Ventura
2001, Trade Paperback
ISBN 978-1-55885-334-8, $7.95

The Ruiz Street Kids /
Los muchachos de la calle Ruiz
Diane Gonzales Bertrand
Spanish translation by
Gabriela Baeza Ventura
2006, Trade Paperback
ISBN 978-1-55885-321-8, $9.95